Chistes

con piquete

Francisco J. Moré

con piquete

SELECTOR
actualidad editorial

SELECTOR
actualidad editorial

Dr. Erazo 120   Tel. 588 72 72
Colonia Doctores   Fax 761 5716
México 06720, D.F.

CHISTES CON PIQUETE

Diseño de portada: Eduardo Torrijos Ocadiz
Diseño de la colección: Nora B. Reyes S.
Ilustración de interiores: Eduardo Torrijos Ocadiz

Copyright © 1997, Selector S.A. de C.V.
Derechos de edición reservados para el mundo

ISBN: 970-643-052-0

Octava reimpresión. Agosto de 2004

A mi esposa, Anaydée,
quien colaboró en este libro.

Había un hombre sentado, bebiendo en un bar, con el ceño fruncido en un claro gesto de preocupación, cuando un amigo se le acercó preguntándole:

–¿Qué pasa, compadre? ¿Por qué tan preocupado?

–Es que el médico me dijo que mi mujer tiene una enfermedad contagiosa en los oídos que le provoca sordera, y me advirtió que no tuviera relaciones sexuales con ella porque yo también podría quedar sordo.

El amigo se puso la mano derecha tras la oreja haciendo pantalla para escuchar mejor y le dijo:

–Por favor, compadre, habla más alto que no te oigo.

◆ ◆ ◆

Estaba aquella parejita bajo la luna; ella vestida con una faldita que sólo le cubría hasta la mitad de los muslos y un escote pronunciado donde se notaban las dos claras razones que la naturaleza le había dado para ser amada. Él no pudo soportar más el calor que sentía dentro de sí y se puso a acariciarla con sus manos apasionadamente, hasta que ella lo detuvo con un gesto firme.

–Cuidadito, mi amor, yo le he jurado a mi padre y a mi madre que jamás ningún hombre me pondría una mano encima hasta que no se casara conmigo.

–Pero, mi vida, no aguanto más. Estoy desesperado por ti —dijo el pobre muchacho retirando sus manos rápidamente del cuerpo de la joven.

–Pero —agregó la ingenua adolescente—, si la que usa las manos soy yo, es lo mismo y no falto al juramento.

◆ ◆ ◆

Aquel individuo estaba frente al médico en compañía de su esposa, una despampanante rubia que mostraba un cuerpo digno de la envidia de cualquier mujer. El doctor, sin poder quitar la vista del formidable cuerpo femenino que tenía frente a sí, le preguntó al sujeto:

–Bueno, amigo, ¿qué lo trae a consulta?

–El problema, doctor —dijo el aludido— es que estoy disgustadísimo con la actitud de mi esposa.

–¿Y eso por qué? —preguntó el galeno.

–Es que mi mujer se quiere pasar todo el día y la noche teniendo relaciones sexuales y eso, doctor, no hay quien lo soporte —contestó el pobre marido.

—Pero, amigo, muchos hombres estarían contentos de esa fogosidad de su esposa —agregó
el médico.

El hombre, apesadumbrado, respondió asin-
tiendo:

—Y están muy contentos, doctor, hay muchos hombres contentos con mi esposa.

◆◆◆

La mujer, muy contenta, se acerca al marido y
le dice:

—Amor mío, mañana es nuestro quinto ani-
versario de bodas y voy a matar una gallina.

—¿Y por qué mejor no matas a tu primo? Él

fue quien nos presentó —dijo el tipo con una tonelada de ironía en su voz.

◆ ◆ ◆

Dos chicas, de ésas que sólo piensan en el sexo, estaban paradas en una esquina esperando dos candidatos que admiraran sus curvas y estuvieran dispuestos a pagar por disfrutar de las mismas, cuando un sacerdote se acercó a ellas y les dijo recriminativamente:

–Por Dios, hijas mías, ¿ustedes no saben lo que hacen las niñas buenas?

Las muchachas, intercambiándose miradas de complicidad, contestaron casi al mismo tiempo:

–Sí, padre, las niñas buenas se van a la cama a las ocho de la noche para estar de regreso en la casa de sus padres antes de las doce.

◆ ◆ ◆

Dos amigas se encuentran en una tienda de ropa femenina y se ponen a conversar de mil cosas hasta que una de ellas le dice a la otra:

–¿Y qué tal te va en tu matrimonio?

–Muy mal, mi amiga, muy mal. Mi marido me trata como si yo fuera una perra —contestó la aludida con gesto de sufrimiento.

–Pero, ¿te maltrata tanto? ¿Te grita? ¿Te pega? —interrogó la amiga asombrada.

–No, mi marido me trata como una perra porque quiere que le sea fiel —respondió la interpelada con un dejo de ironía en la voz.

◆ ◆ ◆

Un día, la maestra, una trigueña que haría temblar al más impávido de los hombres, llegó al aula y vio que en el pizarrón estaba dibujado un enorme pene de, por lo menos, veintiocho centímetros de largo, y con voz enérgica dijo a todos los alumnos:

—Ahora mismo, el que dibujó esto en el pizarrón lo va a confesar o todos en el salón resultarán castigados.

Pepito, que era tremendo pero muy honesto, se levantó y dijo:

—Fui yo, profesora.

La maestra, roja de ira, le dijo:

—Te quedas en el aula después que termine la clase.

Ricardito y todos los demás niños le dijeron

a Pepito que por qué había confesado, que mejor hubiera callado, pero Pepito les dijo que no. Todos los compañeritos criticaron la actitud honesta de Pepito.

Por fin, terminó la clase de ese día y Pepito se quedó castigado. Al otro día, todos los niños rodearon a Pepito y le preguntaron interesados:

–Por fin, ¿qué te pasó? ¿Qué te dijo la profesora?

Pepito, llenando el pecho de orgullo, miró a todos satisfecho y dijo:

–El que no anuncia su mercancía, no la vende...

◆ ◆ ◆

Dios hizo al mundo y descansó; hizo a Adán y descansó; entonces, hizo a la mujer, a Eva, y ya nunca más volvió a descansar nadie.

◆ ◆ ◆

Aquel muchacho, un poco tímido y siempre bajo la falda de su mamá, fue a visitar a la jovencita más linda del pueblo. Por suerte para él, la muchacha estaba completamente sola en la casa y estaba desesperada por hacer el amor. Después de los saludos acostumbrados, la chica comenzó a quitarse primero la blusa, lo que dejó al descubierto dos hermosas montañas de carne envueltas en un sostén y dijo sofocada:

—Qué calor, ¿verdad?

El joven puso cara de sufrimiento, lo que lógicamente sorprendió a la chica, quien, sin darse por vencida, se quitó la falda y mostró unos muslos con una piel rosada que invitaban al amor.

—Qué calor, ¿verdad? —volvió a preguntar la chica.

El joven, ya casi con lágrimas en los ojos, seguía mirando el formidable cuerpo femenino que tenía frente a sí.

La muchacha, en un arranque pasional, se quitó el sostén y quedaron libres aquellas dos montañas, al parecer, escaladas por muchos labios.

El chico, sin poder aguantar más, empezó a llorar con una desesperación digna de lástima, pero que a la muchacha le motivó preguntar con enojo:

—Bueno, ¿pero qué es lo que te pasa? ¿Por qué lloras?

El aludido, tratando de contener el llanto, respondió:

—Es que mi mamá me dijo que cuando viera a una muchacha desnuda me iba a convertir en una roca, y ya estoy sintiendo que algo se me pone duro.

◆ ◆ ◆

Aquel individuo que se pasaba la vida bebiendo a la salud de los demás, terminó arruinando la suya propia.

◆ ◆ ◆

Aquel tipo, un mariposón, estaba sentado en el banco de un parque, con un disgusto enorme, cuando llegó su mejor amiga, quien le preguntó:

–¿Qué te pasa? ¿Por qué estás tan disgustado?

–Ay, mi amiga, es que soy el más desgraciado de los hombres —contestó la loca, suspirando.

–Pero, ¿por qué eres el más desgraciado de los hombres?

–Imagínate, a mi papá le molesta que me gusten los policías.

La muchacha, tratando de consolar a la loca, le dice:

—Pero, es que los padres nunca aceptan que sus hijos sean así, como tú.

—No es eso, mi amiga —respondió el mariposón y agregó—: es que a mi papá le gustan más los marineros.

◆◆◆

Otro mariposón llegó un día a ver a otra loca igual que él y le dijo:

—Ay, mi amiguísima, estoy decepcionada, desilusionada y desencantada de Manuel.

La otra loca contestó interesada:

—¿Por qué? ¿Qué te hizo Manuel?

—Imagínate —dijo el mariposón aludido—, anoche fui a casa de Manuel y él me preguntó que si me gustaba lo culinario. Cuando le dije que sí, toda esperanzada, el muy bestia me puso a prepararle la cena.

◆◆◆

El sacerdote católico se detuvo frente al árbol de Navidad y le dijo con tristeza:

—Tú y yo tenemos algo en común. Tus bolas y las mías sólo sirven de adorno.

◆ ◆ ◆

Aquel tipo, que estaba en el bar, se tomó un tequila de un solo trago, y dijo dándose un golpe en el pecho:

—Hoy me siento como un toro.

De pronto, desde un lado de la barra, un mariposón dijo:

—Muuuuuuu

◆ ◆ ◆

La primera vez que Eva logró excitar a Adán con la manzana, Adán le advirtió :

—Aléjate un poco, yo no sé hasta dónde podría llegar esto.

◆ ◆ ◆

Adán, mirando recriminativamente a Eva, le dijo:

—Fuiste creada ayer y ¿ya tienes dolor de cabeza esta noche?

◆ ◆ ◆

La Mujer Maravilla estaba desnuda boca arriba en una azotea cuando Superman, que iba surcando los cielos, la vio; tanto lo excitó la vista del fabuloso cuerpo femenino que descendió volando y aterrizó sobre el cuerpo de la Mujer Maravilla, introduciéndole el pene de acero.

Cuando Superman terminó de hacerle el amor, le preguntó:

–¿Qué te pareció?

La Mujer Maravilla, encogiéndose de hombros, le dijo:

–Pregúntale mejor al Hombre Invisible que estaba encima de mí cuando tú llegaste.

◆◆◆

Aquel individuo, con la cara triste, le dijo al farmacéutico:

–Por favor, quiero una caja de condones negros.

El que atendía, con la mejor cara de asombro que tenía, le preguntó al cliente sin poder contener su curiosidad:

—¿Condones negros? ¿Y por qué quiere condones negros?

El aludido respondió con voz triste:

—Es que mi mujer murió la semana pasada y estoy de luto, ¿sabe?

◆◆◆

Adán, después de haber tenido la primera relación sexual con Eva, le dijo a Dios:

—Dios mío, hice el amor con Eva.

—¿Y dónde está ahora Eva? —preguntó Dios al primer hombre.

—Fue al río a lavarse —dijo Adán.

—Ahora todos los peces olerán a lo que tiene Eva entre las piernas —tronó Dios.

◆◆◆

Aquel hombre estaba discutiendo con su esposa y, de pronto, le dijo disgustado:

—Jamás me has dicho cuándo tienes un orgasmo.

Ella miró de arriba abajo al marido y le contestó:

—¿Y cómo quieres que te lo diga, si tú nunca estás a mi lado cuando eso me sucede?

◆◆◆

El marido llegó de pronto a la casa y encontró a su mujer en los brazos de otro hombre. Colérico, el tipo le dijo a su esposa:

—Así quería sorprenderte.

La esposa miró con indiferencia al marido y le preguntó:

—Si así querías verme, entonces, ¿quieres decirme por qué te disgustas?

❖ ❖ ❖

El amante perfecto para una mujer fogosa es el hombre que tiene un pene de veintitrés centímetros y una lengua de quince, que también sea capaz de respirar por las orejas.

❖ ❖ ❖

El médico le dijo a la paciente:

—Por favor, trate de relajarse, esto no tomará mucho tiempo.

Sin embargo, la muchacha seguía muy nerviosa cuando el ginecólogo le hizo el tacto vaginal y le preguntó:

—Jovencita, ¿usted nunca había sido examinada así anteriormente?

La muchacha, toda ruborizada, contestó con un hilillo de voz:

—Sí, pero nunca por un médico.

◆ ◆ ◆

La despampanante secretaria llegó donde estaba su jefe y le dijo muy contenta:

—Jefe, jefe, tengo dos noticias que darle, una buena y una mala.

El jefe miró a la muchacha con desconfianza y le dijo:

—Dime primero la buena.

La muchacha, feliz y picaresca, le contestó:

—Jefe, usted no es estéril.

◆ ◆ ◆

Aquel tipo quería que su futura esposa fuera pura e ingenua y, para ello, buscó y buscó entre las chicas que habían ido a escuelas religiosas durante al menos quince años. Por fin, encontró a una muchacha y, durante el primer día del viaje de la luna de miel, la flamante esposa vio en una esquina a dos mujeres que ejercían la profesión más antigua de la humanidad, y preguntó a su marido:

—¿Qué están haciendo esas mujeres, mi cielo?

—Ésas son prostitutas —contestó el hombre.

—¿Prostitutas? ¿Qué es una prostituta? —interrogó la chica.

—Es una mujer que hace el amor por una cantidad determinada de dinero.

—¿De veras? —dijo la recién casada pensativa y agregó—: en la escuela los chicos sólo nos daban una paleta.

◆◆◆

Dos amigas conversaban muy animadamente en la peluquería, cuando una de ellas le preguntó a la otra:

—¿Sabes la diferencia que existe entre un marido y un amante?

La aludida, después de pensarlo un momento, contestó:

—La verdad es que no sé.

—Pues la diferencia entre un marido y un amante son treinta minutos.

♦♦♦

La muchacha, apasionada, le dice al novio:

—Por favor, Jacinto, dame un beso, pronto, dame un beso.

El joven contestó:

—Que no, mujer, que no te doy el beso porque tú, entonces, cierras las piernas y me rompes los lentes.

♦♦♦

El jefe indio miraba preocupado cómo su hija Nube Blanca lloraba desconsolada y se le acercó preguntándole:

—¿Qué pasarle a hija mía, Nube Blanca, que sólo llorar y llorar si tú casarte ayer?

—Ay, padre mío, Gran Jefe, yo ser muy desgraciada. Mi marido, Toro Macho, encontrar pistola de hombre blanco, ponérsela en cintura, escapársele tiro y ahora llamarse Toro Mocho.

◆◆◆

Aquel pobre individuo estaba siendo sacudido por su esposa, quien roja de ira le daba cachetadas por haber llegado tarde a la casa, cuando, de pronto, aparece la suegra y también empieza a emprenderla a cachetadas, diciéndole mil improperios al joven, quien soportando las cachetadas y bien enérgico le dice a su esposa:

—¿Cuántas veces tengo que decirte, mi amor, que no me gusta que tu mamá intervenga en nuestras discusiones?

◆◆◆

Mientras hace tiempo en espera de algún cliente, una prostituta le pregunta a otra:

—¿En qué se parece el pene de un hombre a un recién nacido?

La aludida, después de pensar unos instantes, dice:

—No sé.

—Pues, muy sencillo, mi amiga —contestó la primera—, tanto el pene como el recién nacido consiguen crecer con mamadas.

◆◆◆

La mujer desesperada está frente al psiquiatra y le dice:

—Ay, doctor, ya no puedo más, mi marido sólo quiere hacerme el sexo oral cada noche y yo también deseo de lo otro, ¿usted me entiende, verdad?

El psiquiatra asiente y le recomienda a la paciente:

—Mire, señora, frótese sus partes vaginales con ajo y cuando esta noche su marido quiera hacerle sexo oral, se arrepentirá de seguro.

La mujer se fue contenta de la consulta. Sin embargo, al otro día la señora regresó preocupada de nuevo a la consulta.

—¿Qué pasó, señora? ¿No resultó el consejo que le di? —preguntó el psiquiatra.

–Hice lo que usted me dijo, doctor, y antes de acostarme me froté con ajo mis partes vaginales, y cuando mi marido fue a hacerme sexo oral, de pronto, se apartó de mí y fue a buscar a la cocina lechuga, jitomate y aceite de oliva para ponérmelo ahí.

◆◆◆

Cuando Moisés retornó del Monte Sinaí con los mandamientos, dijo a todos:

–Tengo dos noticias que darles, una buena y una mala. La buena es que Dios redujo los mandamientos a diez, y la mala es que el adulterio todavía está entre ésos.

◆◆◆

Una mujer fue a visitar su amiga íntima con un regalo en la mano.

–Mira, mi amiga, te regalo este libro por tu embarazo.

–¿Un libro? —preguntó extrañada la visita-

da, que mostraba como siete meses de embarazo.

–Sí —dijo la visitante—, es un libro de nom-
bres para escojas uno para tu futuro bebé.

–Lo que yo necesito no es un nombre para
mi hijo, sino un apellido —contestó desesperada la mujer.

◆◆◆

Dos parejas conversaban mientras tomaban
en un bar, cuando uno de los hombres dijo orgulloso:

–Cuando yo le hago el amor a mi mujer soy
como un volcán. ¿No es cierto, mi vida?

La aludida con un gesto de cansancio, agregó:

–Sí, mi cielo, eres como un volcán, haces erupción una vez cada tres años.

◆◆◆

Dos mujeres conversaban en un parque cuando acertó a pasar por allí un individuo, quien las saludó cortésmente y siguió su camino.

Una de las muchachas, entonces, le dijo a la otra:

–¿Sabes cómo le dicen a ése? Cafetería sexual.

La otra, enarcando las cejas sin comprender, repitió:

–¿Cafetería sexual? ¿Por qué le dicen así?

–Porque en el amor se hace autoservicio —contestó la muchacha riendo.

◆◆◆

La mujer fallece y lo primero que hace es preguntarle a San Pedro dónde está su marido, que había fallecido cinco años atrás.

–¿Cómo se llamaba su esposo? —inquirió San Pedro.

–Julián Pérez —dijo la interesada.

–Imagínese, aquí en el Cielo hay miles y miles con ese nombre. ¿Usted se acuerda de alguna característica especial de su esposo cuando estaba vivo? —preguntó San Pedro.

–Bueno, mi esposo me dijo antes de morir que si yo lo había traicionado alguna vez durante nuestro matrimonio, iba a ponerse a dar vueltas después de muerto —contestó la mujer.

–Ah, ya sé de quién se trata —dijo San Pedro—, a ese Julián Pérez es al que tenemos de ventilador en la cocina.

◆ ◆ ◆

El abogado llegó hasta la celda del prisionero y le dijo a su cliente:

–Tengo buenas y malas noticias que darle.

–¿Cuál es la mala noticia primero? —preguntó el asesino.

–Definitivamente van a electrocutarlo mañana al amanecer.

–Dios mío —se asustó el prisionero—. Entonces, ¿cuál es la buena noticia?

El abogado, con una sonrisa de triunfo y
complicidad, le dijo a su cliente:

–Logré que le redujeran el voltaje.

◆◆◆

Aquella mañana, la profesora le fue preguntando a cada niño y niña qué deseaba ser cuando
fuera grande.

Uno de los niños dijo que iba a ser mecáni-
co; otro dijo que ingeniero; una de las alumnas
contestó que iba a ser enfermera; otra respon-

dió que maestra, y la niña más hermosa del aula dijo ingenuamente que quería ser madre. Entonces, el eterno Pepito se levantó y le dijo a la maestra:

—Yo, profesora, quiero ayudar a esta niña a ser madre.

◆ ◆ ◆

Los dos hombres, víctimas de un naufragio, llegan a una isla desierta. A la semana de estar solos en el desierto paraje, uno de ellos le dice al otro:

—Es una verdadera lástima que tú no seas una mujer.

El otro, enarcando las cejas y con una mirada soñadora, le contestó:

—Bueno, mi vida, puedes probar si quieres.

◆ ◆ ◆

El marido llega del trabajo antes de la hora acostumbrada y descubre que debajo de la cama de su esposa hay un hombre semidesnudo.

—¿Quieres decirme qué hace este hombre debajo de nuestra cama? —preguntó colérico el marido a su esposa.

La mujer, encogiéndose de hombros, dijo:

—Abajo de la cama no sé, pero arriba hace maravillas.

◆ ◆ ◆

La mujer fue a la consulta del ginecólogo y le dijo angustiada:

—Ay, doctor, por mucho que tratamos mi marido y yo no quedo embarazada, y ya llevo de casada cinco años.

El médico, después de pensarlo, le dijo a la paciente:

—Bueno, desnúdese y acuéstese ahí en esa cama.

La mujer, toda ruborizada, le respondió:

—Bueno, la verdad, doctor, es que yo quiero quedar embarazada, pero de mi marido, ¿sabe?

◆ ◆ ◆

Un hombre llegó a la tienda y pidió un desodorante. El dependiente le preguntó solícito:

—¿Lo quiere de bolas?

El aludido le contestó claramente:

—De bolas, no, yo quiero un desodorante para debajo de los brazos.

◆ ◆ ◆

La mujer, en el cine con su marido, le dice de pronto en plena oscuridad:

—El hombre que está sentado junto a mí se está masturbando.

El esposo, sin hacer mucho caso a la mujer, le contesta:

–No te preocupes. Ignóralo.

–No puedo —agregó la mujer con angustia—. Está utilizando mi mano.

❖❖❖

La pareja fue al consultorio del médico y el marido presentaba una cara de cansancio que hizo preocupar al galeno.

–Señora, su esposo no parece que esté muy bien. Sin embargo, es paciente regular y los análisis no dan ninguna enfermedad.

La mujer, una exuberante trigueña que transpiraba sexo hasta por el más recóndito de sus poros, preguntó:

—¿Y qué puedo hacer, doctor?

—Mi consejo, señora, es que sólo tenga relaciones sexuales con su esposo los días que tengan eres, o sea, martes, miércoles y viernes.

El hombre agradeció al médico su ayuda. La pareja se fue; pasó el viernes y no hubo problemas. Sin embargo, durante el sábado y domingo la fogosa mujer no pudo tener relaciones sexuales con su marido, y el lunes, no soportando más, le dijo a su esposo:

—Mi amor, ¿recuerdas lo que dijo el médico? Pues hoy es lurnes.

◆ ◆ ◆

Dos borrachos salieron juntos del bar y se encaminaron a la casa de uno de ellos. Cuando llegaron hasta la puerta, uno de los beodos trató de abrir una y otra vez, hasta que el otro le dijo:

—Oye, no trates de abrir más la puerta con ese supositorio.

El aludido, dándose un golpe en la frente, contestó:

—Caramba, ¡ya sé dónde me puse la llave!

◆◆◆

Dos amigos se encuentran después de mucho tiempo. Uno de ellos va bien vestido y exhibiendo un bienestar económico, muy lejos del otro, que le preguntó interesado.

—¿Qué tal de tu vida? Parece que te va muy bien.

—Pues sí, compadre, me ha ido de lo mejor —contestó el otro orgulloso.

—¿Te ha ido así de bien siempre?

—No, compadre, al principio cuando comencé mi negocio de la casa de citas me fue muy difícil. Imagínate que tuve que empezar con mi mujer y mi hermana.

◆◆◆

Un hombre, sentado frente a la mesa en el restaurante, después de leer el menú le pregunta a la hermosa chica que lo atiende.

—¿Qué tal el pollo?
—¿Yo? Bien, gracias —contestó la aludida con coquetería.

◆◆◆

El marido sorprendió a la esposa saliendo de un hotel con un enano y le dijo en plena calle:

–Adúltera, traidora, me prometiste que te ibas a quitar ese maldito vicio de traicionarme, y ahora te encuentro con este enano saliendo de un hotel. ¿Me quieres decir qué significa esto?

–¿Esto? —respondió la mujer con toda seguridad en lo que decía—, esto significa que me estoy quitando el vicio de engañarte poco a poco.

◆ ◆ ◆

Las dos mujeres conversaban en la peluquería, y después de hablar de todos los temas habidos y por haber, una de ellas le dice a la otra:

–Ay, mi amiga, no sé cómo quitarme al pesado de Armando de encima.

–Pues, muy fácil —dijo la otra con un dejo de ironía en la voz—: deja de ponerte debajo de él.

◆ ◆ ◆

El borracho llegó a su casa a medianoche y encontró a la esposa sentada en el sofá con uno de los primos de ella, que estaba de visita en la casa, y le dijo a la mujer:

–Espero que ese primito tuyo, que se ha pasado el día contigo, al menos te haya ayudado en los quehaceres de la casa.

La mujer, acariciando el rostro al primo, dijo complacida:

–Oh, sí, mi primo es muy colaborador y complaciente. El día de hoy me ha ayudado a hacer la cama tres veces.

◆ ◆ ◆

La campesina entra contenta y bailando a la

sala de la casa de sus padres y la mamá, sorprendida, le pregunta:

–¿Y esa alegría, mija, a qué se debe?

–Ay, amá, ¿se acuerda de cuando usted me dijo que el mejor lugar para conquistar a un hombre era la cocina? —le contestó, a su vez, con una ingenua pregunta la joven.

–Sí, mija, me acuerdo perfectamente.

–Pues, ahora, mi novio, amá, me ha enseñado que tengo otro lugar mucho mejor para conquistarlo.

◆◆◆

La muchacha, disgustada, ve llegar a su novio

a la casa sin el prometido regalo y le dice recriminativamente:

—A ver, ¿dónde está el anillo de diamantes que me prometiste hace una semana?

—Ay, mi amor —contestó el muchacho, disimulando— es que cuando estoy contigo se me olvida todo.

◆◆◆

Los dos borrachos estaban bebiendo bien disgustados sin mirarse entre ellos, cuando llegó un tercero y se quedó sorprendido de ver aquel distanciamiento entre dos amigos, por lo que preguntó:

—¿Qué les pasa a ustedes que están tan disgustados?

—Pues, a mí —contestó uno de ellos— lo que me pasa es que mi compañera y yo discutimos y se ha ido de la casa.

—Y a mí —dijo el otro más apesadumbrado todavía—, es que por culpa de la discusión que tuvo con éste, mi esposa volvió a la casa.

Una amiga de Pepito se encuentra con el niño en la calle y le pregunta:

–¿En qué trabajan tus padres, Pepito?

–Bueno —contestó el niño—, mi papá es un vago extraordinario y mi mamá es electricista.

–¿Tu mamá es electricista y tu papá no trabaja? —interrogó extrañada la mujer.

–Pues, sí —dijo Pepito—, mi mamá ha dado a luz tres veces y mi papá no ha tenido nada que ver con eso.

◆◆◆

El sacerdote iba caminando por la calle cuando, entre sorprendido y contento, ve que la muchacha más pecadora del barrio estaba leyendo la Biblia en el parque. Feliz ante tal acontecimiento, el padre se le acerca y le dice:

–Hija mía, cuánto me alegro de que estés leyendo la Biblia, eso quiere decir que estás en el camino correcto. A ver, quiero preguntarte algo, ya que estás leyendo ese libro sagrado: ¿quién fue el primer hombre?

La aludida, después de pensar y pensar un rato, por fin dice encogiéndose de hombros:

–Ay, padrecito, la verdad es que del primer hombre no me acuerdo, pero el que tengo ahora se llama Pedro.

◆◆◆

El niño asustado llega corriendo donde está la madre en la cocina y le pregunta:

–Mamá, mamá, ¿una niña puede tener hijos?

La madre, un poco extrañada, pero segura de sí misma, contesta:

–No, Pepito, las niñas no tienen formados todavía sus órganos como para tener bebés.

Pepito mira a su primita con malicia y le dice:

—Entonces, sigamos jugando a la mamá y al papá, que no hay problema.

◆◆◆

Los dos hombres, bien borrachos, apoyados como pueden sobre la barra del bar, se miran uno al otro, y dice el más joven de los dos:

—Oye, compadre, hace tiempo que quería preguntarte si tú tienes fotografías de tu mujer desnuda.

El otro embriagado, con el disgusto filtrándole por las pupilas, le contesta:

–No, hombre, no, ¿cómo voy a tener fotos de mi mujer desnuda? ¿Por qué me lo preguntas?

–Compadre —le responde el otro borracho—, porque yo tengo unas cuantas repetidas y puedo regalártelas.

◆◆◆

Lo único que consuela a una viuda es que, por fin, sabe dónde pasa las noches el marido.

◆◆◆

La mujer besaba apasionadamente a un hombre en plena vía pública, cuando el oficial de la policía se acerca y pregunta:

–Pero, ¿qué les pasa a ustedes dos? ¿Cómo van a estar besándose en plena calle? Por favor, señora, ¿no puede besar a este hombre en la casa de usted?

La mujer lanza un profundo suspiro y responde con tristeza:

–Qué más quisiera yo, oficial, pero en mi casa está mi marido.

◆◆◆

La muchacha, con todo el vestido rasgado y despeinada, gritaba en pleno parque:

–Oficial, oficial, me han violado, me han violado a plena luz del día.

El oficial de la policía se acerca a la pobre mujer y trata de investigar el hecho:

–A ver, señora, ¿cómo era el sujeto que la violó?

La aludida, encogiéndose de hombros, le contestó al policía:

–Ay, no me fijé, yo siempre cierro los ojos cuando me violan.

◆◆◆

Los dos amigos conversaban en un bar y al terminarse los temas deportivos y políticos, mezclados con el alcohol, empezaron a intercambiarse confesiones domésticas. Uno de ellos le dice al otro:

—Oye, compadre, estoy bien disgustado con mi mujer.

—¿Y eso, por qué, compadre? —preguntó el otro intrigado.

—Es que a mi esposa le ha dado por cobrarme cuatrocientos pesos cada vez que tengo relaciones sexuales con ella y eso me disgusta —contestó el primero.

A lo que el otro respondió, bien seguro de lo que decía:

—Pues tienes mucha razón de ponerte bravo, compadre, porque a mí tu mujer sólo me cobra doscientos pesos.

◆ ◆ ◆

La esposa se enfrenta al marido, quien está leyendo un periódico en la sala, y le dice furiosa:

—No podemos seguir de esta forma. Mi mamá nos paga el alquiler del departamento; mi papá nos compra la comida del mes; mi hermana le compra la ropa a nuestro hijo y mi tía nos da el dinero para la luz y el teléfono. No podemos continuar de esta forma. ¿Estás de acuerdo?

El marido, dejando la lectura del diario a un lado, mira a la mujer y le dice con plena seguridad en sus palabras:

—Estoy perfectamente de acuerdo contigo, y ya estaba a punto de decirte que tu tío también debe ayudarnos en algo.

◆◆◆

El paciente, nervioso y preocupado, observa cómo el médico revisa una y otra vez el expediente clínico hasta que, por fin, sin poder aguantarse más, le pregunta al galeno:

—Doctor, doctor, ¿cómo me encuentras? ¿Es grave lo que tengo?

El médico, que conoce al paciente desde que era muy joven, le pregunta con confianza:

—¿Te acuerdas de Demetrio?

—Es claro que me acuerdo de Demetrio, como que era amigo de nosotros desde la primaria, tú y yo estuvimos en el velorio de Demetrio el año pasado —respondió intrigado de semejante pregunta el paciente y agregó—: pero, ¿a qué viene eso cuando te pregunto si mi enfermedad es grave?

—Ah —dijo el médico—, es que quiero que lo saludes de mi parte cuando te lo encuentres la semana que viene.

◆◆◆

Una amiga va a visitar a otra después de mucho

tiempo y se asombra de encontrarla fumando un puro de, por lo menos, quince centímetros de largo, y le pregunta extrañada.

–¿Y desde cuándo fumas puros, mi amiga?

La interpelada, poniendo cara de sufrimiento y repugnancia, le contestó:

–Desde que mi marido encontró uno en el cenicero de nuestro cuarto.

❖❖❖

Una trigueña, cuyas medidas corporales harían perder la cabeza al más ecuánime de los hombres, va a la consulta de un médico y comienza a desnudarse, mostrando los regalos que la naturaleza le había otorgado. El doctor observa al monumento de mujer sin decir una palabra, mientras que ella se toca varias partes del cuerpo, diciendo con esa coquetería propia de las mujeres hermosas:

–Mire, doctor, me duele aquí, en este otro lado, también por aquí y más abajo —la mujer se queda mirando extrañada al médico que no hace el menor gesto por acercarse a ella y agrega—: ¿qué, no va a reconocerme?

–Está bien —dijo, por fin, el doctor logrando emerger de su mutismo pasional—. Pero, por favor, me paga primero la consulta.

La paciente, mientras busca el dinero en su bolso, dice disgustada:

–Usted es el médico más desconfiado que he conocido.

–No es eso, señora —contestó el galeno, agregando—: lo que pasa es que cada vez que consulto a una joven con sus características físicas, el que termina pagando siempre soy yo.

◆ ◆ ◆

El anciano, de noventa años, fue a la consulta del psiquiatra porque todavía se la pasaba corriendo detrás de las jovencitas y no se acordaba por qué lo hacía.

◆◆◆

La tierna jovencita, acompañada de su novio, se acercó al papá, que estaba viendo la televisión en la sala, y le dijo:

–Papá, papá, ¿me prestas tu automóvil?

–No, hija, que lo van a chocar por ahí. Tu novio no sabe manejar.

–No digas eso, papá, mi novio maneja de lo mejor —respondió la chica insistiendo en el pedido.

–Que no, hija —contestó enérgico el padre.

–Bueno —se conformó la inocente niña, que agregó en seguida, ante el asombro del progenitor—: de todas maneras préstanos el carro y te prometemos no sacarlo del garaje.

◆ ◆ ◆

El Jefe Indio estaba derrotado; los soldados blancos exigían la cabeza del legendario guerrero para no atacar al poblado. El brujo y todos los demás habían hecho hasta lo imposible porque el General Blanco aceptara la rendición de los indios sin necesidad de entregarle la cabeza del Jefe, pero todo había sido en vano.

–No quedar otro remedio. Yo entregarme para salvar a mi gente —dijo estoicamente el Jefe Indio.

–No, padre mío, Gran Jefe, tú no poder hacer eso. Yo, como hija tuya, voy a hablar con General Blanco —dijo una muchacha que mostraba a través de sus ropas tradicionales un par de muslos y unos senos que ya quisieran haber tenido para sí muchas mujeres blancas.

La hija del Gran Jefe, acompañada por los mejores guerreros indios, fue a hablar con los soldados blancos. Después de una hora regresaron los guerreros.

–¿Dónde estar hija mía? —preguntó Gran Jefe Indio.

–General Blanco —contestó uno de los guerreros— no estar ya interesado en cabeza de Gran Jefe. General Blanco preferir cuerpo de Nube Blanca y quedarse con ella.

◆◆◆

Dos borrachos tomaban en el bar cuando de

pronto entró Carlitos, la loca del barrio, y ellos, deseosos de pasar un buen rato, se pusieron a bromear con el mariposón. Uno de los beodos le dijo:

—Oye, Carlitos, mi amigo y yo estábamos conversando que cómo es posible que un hombre deje de serlo para convertirse en lo que tú eres ahora, o sea, una loca. ¿Cómo fue que tú empezaste?

El mariposón, poniendo los ojos en blanco, contestó:

—Empecé así como ustedes, preguntando.

◆ ◆ ◆

Pepito iba llorando desconsoladamente por la calle, cuando una señora se compadece del niño y le pregunta:

—¿Por qué lloras tanto?

—Ay, señora —contestó Pepito conteniendo las lágrimas—, es que se me perdió el compás de la escuela y seguro que mi papá va a castigarme muy duro por eso.

La buena mujer movió su cabeza de un lado a otro y le dijo a Pepito:

–Yo no creo que tu papá te castigue muy duro por haber perdido un simple compás.

–Es que usted no conoce a mi papá, señora —dijo el niño y agregó—: el otro día por nada mata a mi hermana a golpes porque ella perdió la regla.

◆◆◆

El sacerdote miró extrañado a la mujer que tenía frente a sí en el confesionario, ya que lloraba desconsoladamente y parecía sufrir terriblemente.

–Deja de llorar, hija, y dime qué te pasa. Para eso has venido a confesarte, ¿no?

–Sí, padrecito —respondió la mujer tratando de cortar el sollozo y continuó—: es que ayer le fui infiel por primera vez a mi marido.

El sacerdote, horrorizado, exclama:

–Eso es pecado mortal y está como adulterio entre los mandamientos.

–Lo sé, padre —afirmó la mujer y agregó—: y por eso he venido a confesarme para recibir la penitencia debida por mi pecado.

–¿Cuántas veces le fuiste infiel a tu marido con ese otro hombre? —inquirió el sacerdote.

–Una sola vez, padre —respondió la mujer.

–Entonces, hija mía —dijo el religioso— reza un avemaría y un padrenuestro.

–Padre —la voz de la mujer sonaba ingenua al preguntar—, ¿y podría pecar de nuevo si rezo dos avemarías y dos padrenuestros?

◆ ◆ ◆

Antes de darle la bendición a la bella muchacha con la cabellera de color rojo, que estaba arrodillada ante la imagen religiosa, el sacerdote le pregunta:

—¿Pecas?

—Hasta en las nalgas, padre —contestó inocentemente la muchacha.

❖❖❖

Aquella tarde el cantinero miró asombrado cómo aquellos dos grandes amigos, que siempre se emborrachaban juntos, se habían sentado separados y de espaldas uno al otro. Acercándose a uno de ellos, le preguntó:

—¿Qué pasa entre ustedes? ¿Se pelearon?

—Imagínate —contestó el borracho interrogado—, ayer le fueron con el chisme a mi amigo de que yo quería escaparme con su esposa.

El cantinero asiente comprendiendo:

–Con razón tu amigo está disgustado contigo.

–Pues te equivocas —dijo el beodo que hablaba y agregó—: mi amigo está disgustado conmigo porque no me escapé al fin con su mujer.

◆ ◆ ◆

Un hombre era tan celoso y desconfiaba tanto de su mujer, que cuando la esposa dio a luz mellizos aseguraba a todos que sólo uno se parecía a él.

◆ ◆ ◆

En esta vida hay triunfadores y perdedores. Usted es un perdedor si:

- Al ver una película pornográfica descubre que la protagonista es su novia.
- Su novia lo deja por comprometerse con un condenado a muerte, ya que el futuro de este último promete ser más brillante que el suyo.
- Usted lleva a su perro a pasar el curso de obediencia y el perro aprueba, mientras que usted tiene que repetir el grado.
- Solamente uno de sus diez hijos es realmente el suyo.
- Se enamora locamente de una mujer que le aseguraba que era virgen y la noche de la boda descubre que es un travesti.

- Descubre de pronto que su esposa es co-
nocida por todos los amigos que usted
tiene, y que jamás le ha presentado a ella.

◆◆◆

El joven de la casa escucha que tocan a la
puerta y abre. Frente a él hay una muchacha
con un bebé de meses en los brazos, y roja de
ira le grita:

—El padre de mi hijo tiene que mantenerlo y
dar la cara.

El muchacho trata de tranquilizar a la recién
llegada, pero en ese momento llega la mamá que
escucha el altercado y se acerca angustiada.

–Hijo mío, ¿has sido capaz de embarazar a esta muchacha y abandonar a tu propio hijo?

El aludido, moviendo la cabeza de un lado a otro en señal de cansancio, le dice a la progenitora de sus días:

–No, mamá, tú no entiendes nada. Ella no me está reclamando a mí. Ella está hablando de papá.

◆ ◆ ◆

Entre amigas:

–A ésa la llaman Rumor

–¿Y eso, por qué?

–Porque va de boca en boca.

◆ ◆ ◆

La muchacha, muy disgustada por la proposición del joven, le preguntó:

–¿Quién te dijo que podrías proponerme tener relaciones sexuales conmigo?

–Casi todos los jóvenes del barrio me lo dijeron —respondió el muchacho con indiferencia.

◆◆◆

Una muchacha muy hermosa, de ésas en que la naturaleza se esmeró con mucho cuidado, llegó a una oficina a solicitar empleo y se puso a llenar la planilla, pero cuando llegó a la pregunta de Sexo, ella puso dos veces al día.

◆◆◆

Cuando le preguntaron a aquella chica si al menos sabía contar con los dedos, ella contestó, sin ninguna vergüenza, que no podía contar con los dedos, pero sí con sus piernas y todo lo demás que la adornaba.

◆◆◆

Un borracho estaba bebiendo con gran angustia en el bar, cuando uno de sus amigos, preocupado por verlo así, le preguntó:

–¿Qué te pasa? ¿Por qué estás tan preocupado?

–No es para menos —contestó el aludido y agregó—: imagínate, recibí una carta advirtiéndome que si continuaba jugando con una mujer casada me iban a matar.

–Entonces, trata de no ver más a esa mujer casada y asunto resuelto —dijo con gran sabiduría el amigo.

–Sí, sería fácil si fuera de esa forma —continuó diciendo el amenazado—, pero el problema es que la carta no estaba firmada y no sé de qué marido se trata.

◆◆◆

Un pobre hombre se casó con una mujer con la esperanza de que le cocinara, le lavara la ropa y se la planchara. El único problema que tuvo es que ella se había casado con él para que le hiciera lo mismo.

❖❖❖

Dos amigas conversaban sobre las virtudes y defectos de sus respectivos maridos, cuando una de ellas le dice a la otra:

–Tú tuviste mucha suerte al casarte con Gustavo. Es un científico que lo sabe todo.

La otra, malinterpretando las palabras de su amiga, le contestó segura de lo que decía:

–No lo creas. Mi esposo, hasta ahora, no sospecha nada.

❖❖❖

Una mujer le aseguró a su marido que lo amaba con lo más profundo de su corazón. Lo que no le dijo en ningún momento es que el centro y la parte de arriba de su corazón pertenecían al amante.

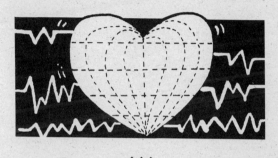

◆◆◆

Una mujer, extrañada de la soltería de su amiga, le pregunta:

–¿Por qué no te has casado cuando ya todas nosotras, tus amigas de la primaria, ya lo hicimos?

–Es que estoy esperando al hombre que me convenga —dijo la aludida, dejando escapar un profundo suspiro.

–Y mientras esperas, ¿qué haces? —interrogó la amiga.

–Pues me entretengo con los hombres que no me convienen.

◆ ◆ ◆

El epitafio de aquella mujer que había sido una maniaca sexual en vida, decía: "Al fin duerme sola".

◆ ◆ ◆

Un hombre de unos cincuenta años enamoraba a una chica de veinte con argumentos sólidos sobre el amor.

–No insistas —respondió la muchacha algo cansada de la perorata del cincuentón—. Yo no puedo aprender a amarte.

–Pero, entiéndeme, tengo dos millones de dólares y no tengo una compañera con la cual compartirlos —insistió el caballero.

–Si es así, dame otra lección que tal vez aprenda —contestó la chica con la más ingenua de sus sonrisas.

◆ ◆ ◆

El joven le dijo al padre de su novia:

–Quiero casarme con su hija, ¿está de acuerdo?

El futuro suegro miró de arriba a abajo al solicitante y pensativamente le contestó:

–Mi respuesta depende de su situación económica.

El joven, encogiéndose de hombros replicó:

–En mi caso es distinto, mi situación económica depende de su respuesta.

◆ ◆ ◆

Entre amigas:

–A ésa la llaman la Chica beisbolera.

–¿Y eso, por qué?

–Porque no juega con nadie si no hay un diamante de por medio.

◆◆◆

Una chica estaba interesadísima en aprender música, pero le gustó tanto el maestro que después del "do re mi" se acostó con el profesor en el "sol fa".

◆◆◆

El marido se iba de viaje de negocios y cuando estaba con las maletas preparadas y dispuesto a partir, la esposa le preguntó con una ingenuidad sólo vista en películas:

–¿Es verdad, mi amor, que el dinero habla?

–Sí, mi cielo, es cierto que el dinero habla —contestó el marido.

–Bueno, entonces, como voy a estar sola en la casa mientras tú estás de viaje, déjame suficiente dinero para que me acompañe y converse conmigo.

◆◆◆

La desesperada joven en edad casamentera se puso a rezar aquella noche diciendo:

—Por favor, Dios mío, yo no quiero nada para mí pero concédele a mis padres un yerno.

◆ ◆ ◆

El papá quería un hombrecito; la mamá deseaba una mujercita; después de veinte años, el hijo los complació a los dos, ejerciendo ambos sexos en sí mismo.

◆ ◆ ◆

En los bajos de un edificio de apartamentos es-

taban cuatro hombres desesperados por el ruido que hacía uno de los inquilinos en un apartamento de los altos.

—Ése del número cuarenta empezó tocando
un instrumento él solo, pero ya ha ido invitan-
do a todos los de la orquesta donde trabaja a
practicar en su apartamento, y ya no se puede
vivir en este edificio —dijo uno de los vecinos
disgustado.

—Lo que tenemos que hacer es ir uno de nosotros allá arriba donde vive ese inconsciente
y ajustarle las cuentas —agregó otro de los
irritados hombres.

—Voy yo —dijo el más fuerte de todos y se
encaminó al apartamento del músico.

Después de unos minutos, el vecino regresó con la cabeza partida y la nariz abollada.

–Pero, ¿qué te pasó? —preguntó uno de los que esperaban abajo.

–Que el hombre se puso bravo y me metió el tambor por la cabeza y la guitarra por la cara. Y lo peor es que ahora toca los instrumentos más fuerte todavía. Ahora, lo que deben hacer es ir dos de ustedes a ver si se atreve a hacerles algo —recomendó el agredido.

Dos de los vecinos irritados por el ruido que hacía el vecino del apartamento cuarenta subieron a ajustarle las cuentas, pero a los pocos minutos bajaron todavía más golpeados que el primero.

El cuarto de los vecinos disgustados dijo con voz gruesa:

–Voy a subir yo a ver qué me hace ese tipo.

Los demás le advirtieron que era mejor llamar a la policía porque el músico era muy agresivo, pero el irritado vecino no hizo caso y subió las escaleras de tres escalones en tres, rojo de ira. A los pocos minutos bajó sin un golpe en el cuerpo y la música había cesado por completo. Los que lo esperaban ansiosos lo felicitaron, y uno de ellos le preguntó.

—¿Le partiste la cara de dos puñetazos?

—No, qué va —dijo el recién llegado que, soltando las plumas, agregó—: por suerte, ya sólo le quedaba la flauta.

◆◆◆

Un joven se acercó a la dama de sus sueños y le dijo apasionadamente:

—Si no me aceptas como novio, moriré.

Ella le contestó que no, y sesenta y siete años después el joven falleció tal y como había asegurado.

◆◆◆

Uno de los dos borrachos le dijo al otro apesadumbrado:

—Anoche soñé que estaba en una isla desierta y estaba acompañado por Madonna, Marilyn Monroe, Ornelia Mutti y otras bellezas por el estilo.

—Pero eso no es para estar amargado como tú estás ahora —aseguró el otro amigo—. Al contrario, es para ponerse contentísimo.

—¿Tú crees? —preguntó el que había soñado, y agregó—: ¿aunque en el sueño yo haya sido una de ellas?

◆◆◆

Una mujer puede quedar aterrorizada ante la vista de un ratón y, sin embargo, se entrega con la mejor disposición a las garras de un lobo.

◆◆◆

Un borracho le dijo a su eterno compañero de barra:

—A veces no quiero ni dormir de noche porque tengo un terror tremendo a que pronuncie dormido el nombre de cualquier otra mujer.

—Yo no tengo problemas con eso —dijo el otro embriagado—. Mi esposa y mi amante tienen el mismo nombre.

◆◆◆

La novia miró profundamente a los ojos del enamorado y le preguntó con voz clara:

—¿Serías capaz de estar comprometido con dos chicas al mismo tiempo?

El joven, después de pensar unos segundos la respuesta, contestó bien dispuesto:

–Está bien, ¿dónde está la otra?

◆◆◆

El muchacho llegó a la casa procedente de la escuela y, disgustado, dejó los libros sobre el sofá para conversar con el padre.

–Oye, papá, un hombre ahí en la calle acaba de decirme loca.

El padre se levantó y dijo colérico:

–Supongo que le habrás dado dos puñetazos a ese tipo, ¿no?

–No pude, papá —dijo el joven para agregar con todas las plumas por el aire—: tenía las uñas acabaditas de pintar, mira.

◆◆◆

Tener mujer es como tener un automóvil: no tenerlo resulta incómodo para uno, pero poseer un carro es muy costoso y, a veces, implica riesgos. Lo mejor, entonces, es tener un amigo que tenga un carro. Igual que con la mujer.

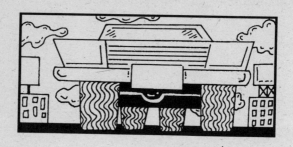

◆◆◆

–Mi mujer —dijo el borracho alardeando— hace el amor mejor que muchas otras.

–Estoy de acuerdo contigo —contestó el amigo, sin darse cuenta de lo que decía.

◆◆◆

Después de caerse el helicóptero donde viajaban los soldados, el general logró levantarse como pudo, y acercándose a uno de los militares le dijo, rojo de ira:

–Dígame, cómo fue posible que se detuvieran las hélices del helicóptero en pleno vuelo.

–No sé, mi general —dijo el soldado encogiéndose de hombros, mientras agregaba—: yo sentí mucho frío y apagué el ventilador.

◆◆◆

Muchas personas dicen que no creen en el matrimonio porque es sólo un pedazo de papel firmado. Eso mismo es el dinero y, sin embargo, todos creemos en él.

◆◆◆

La secretaria, después de haber tenido relaciones sexuales con el jefe, sale a la oficina para cumplir su trabajo burocrático, cuando de pronto se acerca a ella una de las muchachas y le dice riéndose:

–¡Qué clase de broma más estupenda le he hecho al jefe! Tenía sobre su escritorio unas píldoras anticonceptivas y se las cambié por aspirinas.

La muchacha que escuchaba se desmayó del susto.

◆◆◆

El enamorado le dijo apasionadamente a la chica:

–Cásate conmigo y te aseguro que haría cualquier cosa por ti.

Ella se casó con él y lo único que le pide ahora es que haga dinero.

◆◆◆

Los dos viejitos se encuentran después de mucho tiempo sin verse, y se disponen a conversar, pero uno de ellos le advierte al otro:

—Conversemos de cualquier cosa, pero, eso sí, no hablemos de sexo. Lo que pasó, pasó.

◆◆◆

La nueva secretaria salió llorando de la oficina del jefe, y una de las chicas que llevaba más tiempo en la empresa se le acercó preguntándole:

—¿Qué te pasó ?

—Ay, que el jefe me levantó la voz —dijo la nueva empleada entre sollozos.

—Ni te preocupes, mi amiga —aseguró la otra mientras agregaba—: en una semana más el jefe empezará a levantarte la falda.

◆◆◆

Dos amigas conversaban y una de ellas le dijo a la otra:

—¿Sabes? Jacinto es un interesado. Le pregunté que si le daban a escoger entre un millón de dólares y yo qué prefería. Me contestó que se quedaría con el millón de dólares.

—Por supuesto que tenía que contestarte eso, porque Jacinto sabe perfectamente que con el millón de dólares en su mano te tendría a ti.

◆◆◆

La mujer cabizbaja y, al parecer, arrepentida, le confesó al sacerdote:

—Padre, he tenido relaciones sexuales con seis muchachos del barrio.

El religioso, horrorizado, le preguntó a la mujer:

—¿Sabes lo que has ganado con eso?

—Ay, no, padre —protestó la pecadora—. Yo no cobro nada por eso, lo hago por placer.

◆◆◆

Cuando un hombre le abre la puerta del automóvil a la mujer es por una de dos cosas: el carro es nuevo o la mujer es nueva.

• • •

Una amiga le dice a la otra en la peluquería:
–¿Te acuerdas de aquel joven alto y rubio al que estuve tratando de conquistar hace tiempo?

–Sí, me acuerdo perfectamente —le contestó la aludida.

–Pues, ayer mismo ese muchacho estuvo dándole golpes a la puerta de mi casa.

–¿Y por qué no le abriste entonces? —interrogó extrañada la amiga.

–No le abrí, porque no quise dejarlo salir —contestó irónica la chica.

◆◆◆

Estaba la pareja frente al médico, cuando éste, después de revisar los resultados de los análisis, llamó aparte a la esposa del paciente y le dijo:

–Señora, no me gusta nada el aspecto de su marido.

–A mí tampoco —aseguró la mujer, agregando sin entusiasmo—: pero es tan bueno con los niños.

◆◆◆

Para un empleado hay tres tipos de sueldo: el que desearía ganar; el que podría ganar, y el que le pagan, que no alcanza para nada.

◆ ◆ ◆

Un par de amigos millonarios se encuentran; uno de ellos está muy preocupado y el otro le pregunta interesado:

–¿Qué te pasa? Te noto muy preocupado.

–Es que mi mujer ha comenzado a sospechar que la engaño —dijo el primero.

–¿De quién sospecha tu mujer? ¿De tu secretaria? —interrogó el amigo.

–De ninguna manera. Mi mujer sospecha que la traiciono con el chofer.

◆ ◆ ◆

La mujer tomó la mano del hombre que tenía al lado, y le dijo provocativamente:

—Bésame, Gustavo, bésame.

El hombre, mirando para todas partes, adujo asustado:

—Ten cuidado, Susana, puede venir tu marido y sorprendernos.

—Ni te preocupes —argumentó la interpelada—. Mi marido se fue con tu mujer hace un rato y no creo que regresen por ahora.

◆ ◆ ◆

Dos amigas conversaban en un restaurante y una de ellas le dijo a la otra:

—¿Tú crees en el amor y en el matrimonio?

—Por supuesto que sí —contestó la aludida—, aunque no necesariamente tiene que ser con la misma persona.

◆ ◆ ◆

Un niño se acercó a la mamá y le preguntó:

–Mamá, mamá, ¿cuánto valgo yo para ti?

La interrogada miró al niño con amor y le dijo:

–Hijo mío, para mí tú vales millones y millones de dólares.

–Bueno, mamá —dijo inocentemente el pequeño—, entonces adelántame dos dólares de esa cuenta para comprar helados.

◆◆◆

Un hombre rico puede emplear a un mayordomo, a una cocinera, a una doméstica que le lave y le planche la ropa, a una secretaria y a una amante. Un hombre pobre sólo puede casarse.

◆◆◆

Una mujer abraza al enamorado apasionadamente y le pregunta:

—¿De qué tamaño me amas?

El aludido, mirándola con desgano, contestó:

—¿De qué tamaño necesitas que te ame?

◆ ◆ ◆

Dos amigas platicaban sobre sus respectivos matrimonios, y una de ellas le preguntó a la otra:

—¿De qué manera logras que tu marido te dé tanto dinero?

—Muy fácil —respondió risueña la aludida—. Yo vivo en casa de mi madre, y cada vez que le digo a mi esposo que voy a regresar a nuestro hogar, enseguida me manda dinero.

◆ ◆ ◆

Una amiga le pregunta a otra, muy famosa por su ingenuidad entre sus amigos:

—Bueno, ¿cómo te fue en tu visita al ginecólogo?

–Pues, yo creo que bien —contestó la aludida—. El ginecólogo me puso una mano en el hombro derecho y con la otra... No, espérate, me puso una mano en el hombro izquierdo y con la otra... No, no, me puso una mano en cada hombro, entonces, ¿con qué fue con lo que me reconoció?

◆ ◆ ◆

Un proctólogo siempre tiene dos dedos dispuestos para el examen de cualquier paciente en el caso de que le solicitara una segunda opinión.

◆ ◆ ◆

Dos ancianos conversaban en un parque; uno de ellos le dijo al otro:

—Llevo casado con la misma esposa treinta y cinco años y sé de antemano cualquier movimiento que piense hacer antes de que lo ejecute.

—Mientras que tu mujer todavía se mueva, ni te preocupes —le recomendó el otro anciano.

◆◆◆

Un hombre llegó ante la secretaria de una empresa solicitando empleo, y después de que la muchacha le preguntó las interrogantes de rigor como nombre, edad y sexo, le cuestionó:

—¿Cuántos hijos tiene?

—Doce hijos —contestó el aludido.

La muchacha, asombrada, le preguntó:

—¿Con la misma?

—Sí, con la misma —contestó el interrogado, y agregó—: pero con distintas mujeres.

❖❖❖

Una chica se acercó a su mejor amiga y le preguntó interesada:

—Tú que tienes más experiencia que yo, ¿dónde puedo conseguir un marido?

La aludida, después de pensarlo unos minutos, le contestó:

—Te digo la verdad, es muy difícil para una chica conseguir marido hoy día, porque las muchachas van a las discotecas a pescar marido, pero el problema es que los maridos van a las discotecas a pescar muchachas.

❖❖❖

Un hombre llegó a la consulta del psiquiatra y le dijo:

—Doctor, mi problema es que tengo setenta años y mi esposa veinticinco, y mi temor es que no pueda satisfacerla por la diferencia de edades. ¿Qué me recomienda?

El psiquiatra dijo convencido y con cierta ironía:

—Mi consejo, amigo, es que busque una buena compañía para su esposa en la casa.

Seis meses después, el hombre volvió a la consulta y el psiquiatra, al verlo tan contento, le preguntó:

—¿Qué compañía le consiguió a su esposa? ¿Un chofer?

El anciano, con una sonrisa de complicidad, respondió:

—No, en la casa le está haciendo compañía una doméstica y todo va muy bien, pero el problema es que ahora tanto mi esposa como la otra chica están embarazadas de cinco meses.

◆ ◆ ◆

Dos amigas se encuentran en la calle, y una de

ellas está muy bien vestida y exhibiendo joyas de gran valor. La otra le pregunta interesada:

—¿Cómo has logrado que te vaya tan bien en la vida?

—Muy fácil —respondió la aludida y agregó—: he triunfado porque siempre he estado en el lugar adecuado a la hora adecuada. Quiero decir, para que me entiendas bien, siempre he estado en la cama del jefe cuando él ya estaba sobre ella.

❖ ❖ ❖

Un hombre estaba bebiendo en el bar y, de pronto, le pregunta a su compañero de barra:

—¿Es cierto que detrás de cada hombre exitoso hay siempre una mujer?

—Sí, amigo, es cierto —contestó el otro, más conocedor de la materia, y agregó—: y casi siempre esa mujer termina casándose con ese hombre exitoso.

❖ ❖ ❖

El mismo borracho le pregunta nuevamente al otro:

–¿Y si encuentro a la chica de mis sueños, cómo puedo hacer para saber lo que ella piensa de mí?

–Cásate y lo sabrás en menos de tres meses —respondió el otro.

◆◆◆

La más exacta definición de miedo para un hombre es cuando un buen día se da cuenta de que no puede hacer el amor la segunda vez. El pánico es cuando el hombre descubre que no puede hacerlo ni siquiera la primera vez.

◆◆◆

Una pareja de recién casados está en su primera noche de luna de miel, cuando, de pronto,
suena un timbre y la ardiente esposa le dice al
marido:

–Vamos a hacer una cosa, mi amor. Cada vez
que ese timbre suene vamos a hacer el amor.

El recién casado estuvo de acuerdo con la
proposición de su flamante esposa. Pero a la mañana siguiente, el hombre muy cansado, y con
claras señales de no haber dormido nada, se
acerca al empleado del hotel y le propone:

–Le doy mil pesos si sólo toca ese maldito
timbre cada ocho horas.

El empleado del hotel le respondió con tristeza:

–Lo siento mucho, amigo, pero anoche una recién casada me pagó muy bien para que todos los días y las noches de esta semana tocara el timbre cada treinta minutos.

❖❖❖

La muchacha, mirando fijamente a un hombre que estaba en la parada del autobús, le dijo:

–Hay algo que yo quisiera que estuviera fuera de mis pechos.

–¿Qué es lo que le gustaría tener fuera de sus hermosos pechos? —preguntó el galán.

–Sus ojos, caballero —contestó disgustada la chica.

❖❖❖

Un hombre, después de hacer el amor varias veces con la jovencita, observa de pronto que ella comienza a sollozar incontenidamente.

—¿Qué te pasa? ¿Tienes miedo de lo que te pueda decir tu mamá por llegar tarde esta noche a la casa?

—Mi madre no me dice nada porque llegue tarde a la casa —contestó la muchacha, y agregó tratando de contener el llanto—: es mi marido el que me hace una terrible escena.

◆◆◆

Un joven locamente enamorado de la muchacha, la mira como sólo saben mirar los que han caído en el amor por primera vez y le dice:

—Créeme, mi cielo, que no tengo palabras para expresarte lo que siento en estos momentos.

La aludida, encogiéndose de hombros, le contesta:

—Entonces, exprésate mejor con las manos y olvídate de buscar en estos momentos un diccionario.

◆◆◆

Un niño, paseando con su mamá por el zoológico, le pregunta:

—Mamá, mamá, ¿cómo es que los leones hacen el amor?

La progenitora, sorprendida por la interrogación, le dice al chico:

—Ay, mi hijo, no sé, la mayoría de los amigos de tu padre pertenecen al equipo de las Panteras Rojas.

◆◆◆

Dos amigos se encuentran en el bar de costumbre, y uno de ellos está disgustado. El otro le pregunta:

—¿Por qué tienes esa cara? ¿Qué te pasa?

—Es que mandé a mi hijo a la universidad de París y estuvo cinco años gastando el dinero que le enviaba en bebidas, mujeres y casinos de juegos —contestó apesadumbrado.

—Ya veo, estás preocupado porque el muchacho no estudió —dijo el amigo.

—No, a mí no me preocupa que mi hijo no haya estudiado —aseguró el preocupado—. Lo que me preocupa y disgusta es que mejor me hubiera yo pasado esos cinco años en París haciendo lo mismo.

◆◆◆

Después de haber tenido relaciones sexuales con la chica en el sofá de la sala, el joven, suspirando, le dijo:

–¿No fue realmente maravilloso haber hecho el amor en el sofá?

–Da lo mismo. Hacer el amor es maravilloso en cualquier sitio —le respondió la muchacha con ironía.

◆◆◆

La muchacha lloraba desconsolada en la consulta del ginecólogo que le había dictaminado tres meses de embarazo.

–Si yo hubiera ido al cine aquella noche, no me hubiera pasado esto; si yo hubiera ido al cine aquella noche no me hubiera pasado esto... —la muchacha de dieciséis primaveras repetía incesantemente lo mismo.

El ginecólogo, extrañado de semejante reacción, interrogó a la joven:

–Bien, ¿por qué no fuiste al cine la noche en que te embarazaron?

–Porque la película que ponían era prohibida para menores de dieciocho años —suspiró al contestar la aludida.

◆◆◆

El médico recomendó a la pareja que disfruta-
ran de relaciones sexuales todas las noches.
Por culpa de ese consejo, él y ella casi no se
ven nunca.

◆◆◆

La eterna batalla entre los sexos no terminará
nunca, porque es demasiada la confraterniza-
ción con el enemigo.

◆◆◆

Dos hombres se encuentran en la calle y uno le
dice al otro:
   –Sé perfectamente que te estás viendo con

mi mujer desde hace tiempo. ¿Qué es lo que piensas de ella?

El amigo, tragando en seco ante la pregunta sorpresiva, contestó:

–Pero, ¿tú no sabes cómo es ella?

–Sí —contestó con seguridad el acusador y agregó con interés—: es que necesito una segunda opinión.

◆◆◆

Dos amigos están bebiendo juntos en el bar y uno le dice a otro:

–Ayer llegué a la casa más temprano que de costumbre y me encontré a mi mujer besándose con otro. ¿Quieres decirme cómo puedo evitar eso?

–Muy fácil —contestó el otro–: llega más tarde a tu casa.

◆◆◆

Las estadísticas dicen que el setenta por ciento de los hombres casados cometen adulterio en sus respectivos países de nacimiento; el otro treinta por ciento lo cometen en otros países a los que van de visita.

❖❖❖

Un hombre, admirando las cualidades físicas y sexuales de una mujer, le dice emocionado:

–Tú eres la más estupenda de las esposas, aunque tu marido no piense lo mismo.

❖❖❖

Dos amigos se encuentran y uno de ellos le dice al otro:

–No sé ni cómo decirte que tu esposa se entiende con otros tres hombres. Tiene tres amantes. ¿Qué te parece?

El aludido, después de pensarlo unos instantes, contestó con seguridad:

–Más vale tener la cuarta parte de algo bueno que ser el dueño absoluto de algo malo. ¿No crees?

◆◆◆

Una mujer casada estaba teniendo relaciones sexuales con el amante, cuando de pronto llegó el marido, quien le dijo:

–Me has sorprendido.

La mujer, zafándose de los brazos del que terminaba el triángulo, le rectificó al esposo:

–No, mi cielo, tú estás asombrado, los que estamos sorprendidos somos nosotros.

◆◆◆

Un joven quedó perdidamente enamorado de

una chica a primera vista y, sintiendo un ardor en todo el pecho, no pudo callar sus deseos y le dijo:

–¿Quieres hacer el amor conmigo?

La muchacha, roja de ira, contestó:

–No acostumbro a hacer eso con extraños —y después agregó, ya más calmada—: por lo menos debes decirme primero tu nombre.

❖❖❖

El sexo es definitivamente una condición hereditaria. Si nuestros padres no lo tuvieron, definitivamente uno no lo tendrá nunca.

❖❖❖

Dos amigos ven pasar a una chica y uno de ellos dice:

–¡Qué clase de mujer esa! Ella es el tipo de chica que la mitad de los jóvenes del barrio quieren tener en la cama.

–Ajá —asintió el otro—, la otra mitad de los jóvenes ya lo ha hecho.

◆◆◆

Dos hombres están sentados a la barra de un bar y, entre trago y trago, uno le dice al otro:

–¿Qué tal tu esposa?

–De lo mejor —respondió el otro y agregó con desánimo—: hace cinco años que pedí su mano y, desde entonces, no he podido sacar esa mano de mi bolsillo.

◆◆◆

Un amigo le dice al otro en la oficina:

–No sé qué le pasa a mi esposa. Últimamente está de mal carácter por todo y pelea por cualquier cosa. Pero, como a mí no me interesa, ya se le pasará.

–Pues yo, amigo mío —dijo el otro— me preocupo mucho por la felicidad de mi esposa, inclusive, he contratado a un detective para que descubra quién es el individuo que la hace tan feliz.

◆◆◆

La joven, vestida de novia, le dice al enamorado en la puerta de la iglesia antes de entrar al juramento de fidelidad eterna:

–Antes de casarnos, para que después no haya reclamos, me gustaría confesarte todos los pecados que he cometido.

–Pero, amor mío —dijo el joven asombrado— ya me contaste todos los pecados que habías cometido hace sólo tres días.

–Es que precisamente quiero confesarte los que he cometido en estos tres días —reafirmó la muchacha candorosamente.

◆◆◆

Una mujer exhibe un hermoso collar de perlas en la fiesta y otra se le acerca y le dice admirada:

–¡Qué collar más hermoso! ¿Cómo lograste que tu marido te regalara algo tan valioso?

–Cuestión de suerte, lo sorprendí haciéndole el amor a la doméstica —respondió la aludida.

–Supongo que habrás despedido a la sirvienta —dijo la amiga.

–Pues no —replicó la del collar y agregó—: estoy esperando sorprender a mi marido de nuevo con ella para entonces exigirle que me regale los aretes que hacen juego con mi collar.

◆ ◆ ◆

Dos amigos se encuentran después de algún tiempo, y uno de ellos le dice admirado al otro:

–Pero, ¿cómo es posible que todavía estés vivo si tú mismo me dijiste que el médico te había dado seis meses de vida y ya han pasado, por lo menos, ocho meses?

–Es que cuando se cumplieron los seis meses, le dije al doctor que no tenía dinero para pagarle la cuenta, y entonces me dio seis meses más de vida —respondió el otro.

◆ ◆ ◆

Un borracho iba manejando su automóvil en

una dirección contraria a la señalada en la calle y el oficial de tránsito, al detenerlo, le dijo enérgicamente:

—¿Es que acaso no vio la flecha?

—Ni la flecha, ni el indio que la tiró tampoco —aseguró el beodo.

◆◆◆

La anciana, gritaba en plena calle:

—¡Me violaron! ¡Me violaron!

Un policía se acercó a la dama y le preguntó:

—¿Cuándo ocurrió ese hecho, abuela?

—Hace unos veinte años, oficial —contestó la anciana.

–Y, entonces —preguntó el policía extrañado—, ¿por qué se pone a gritar ahora que la violaron?

–Ay, oficial —suspiró la abuela y agregó—: es que me gusta mucho recordarlo.

◆◆◆

Un hombre se arrodilla ante su esposa, después de que esta última lo sorprendiera con la secretaria besándose.

–Perdóname, mi amor, piensa en nuestros hijos —suplicaba vehementemente el marido a la mujer, hincado—; te juro que ya despedí a la secretaria y contraté a una mujer mayor para que hiciera ese trabajo. Jamás volveré a traicionarte. Te lo juro.

La esposa, después de pensarlo unos instantes, acordó con el marido:

–Está bien, te perdono.

Pero, en ese momento, la doméstica, que estaba escuchando la conversación, se acercó al señor de la casa y le dijo enérgicamente:

–Su esposa le perdonará esa infidelidad, pero yo no. Ahora mismo me voy de esta casa.

◆◆◆

Dos amigas se encuentran en una tienda de ropa y una le dice a la otra:

–¡Cuánto te envidio, mi amiga! Tienes un matrimonio feliz y ya llevas diez años con tu mismo esposo sin problemas! ¿Cómo es posible que te lleves tan bien con tu marido?

–Muy fácil —contestó la aludida—, mi marido y yo hemos decidido salir una noche a la semana y no regresar a la casa hasta el otro día. Él sale los viernes, y yo los sábados.

◆◆◆

Una secretaria le dice a la otra:

–No me explico cómo es posible que ya tengas el doble de salario que yo gano, estés en un puesto muy superior al mío y disfrutes de un mes de vacaciones al año, y hace sólo seis meses que entraste en esta empresa. Yo, sin embargo, que llevo cinco años y he luchado todo este tiempo por alcanzar lo que tú disfrutas en esta compañía, no lo he logrado.

La aludida, encogiéndose de hombros y con ironía, le contestó a la otra:

–¿Quieres disfrutar de lo mismo que yo en esta empresa? Entonces, deja de luchar, mi amiga, deja de luchar.

◆◆◆

Una verdadera esposa es la que acompaña al marido a través de todos los problemas que a él puedan presentársele en la vida y que nunca le hubieran ocurrido de permanecer soltero.

◆◆◆

El esposo se asombró extraordinariamente cuando la mujer en plena discusión le dijo:

–Estoy perfectamente de acuerdo que eres más listo que yo.

Sin embargo, el marido comprendió el verdadero sentido de esas palabras cuando ella agregó:

–Tú demostraste ser más inteligente cuando te casaste conmigo, y yo puse en claro lo estúpida que soy al haberte aceptado como marido.

◆◆◆

El sacerdote miró a la mujer que ejercía la profesión más antigua de la humanidad y le dijo recriminativamente:

–¿Qué me dijiste que eras, hija mía, una prostituta?

–Sí, padre —dijo la pecadora, esperando una severa reprimenda.

–Menos mal —suspiró el sacerdote—. Yo pensé que habías dicho que eras protestante.

◆◆◆

Dos borrachos se encuentran en el bar de costumbre y uno le dice al otro:

—Oiga, compadre, he inventado una bebida formidable. Es una combinación que tiene todas las vitaminas, desde la A hasta la Z; tiene también azúcar y, además, tequila.

—Lo de las vitaminas, lo entiendo —argumentó el otro— porque te da fuerzas; lo del azúcar también porque te da energías, pero lo del tequila, ¿para qué el tequila?

—Pues —respondió el aludido—, porque el tequila es lo que te da ideas de qué hacer con las fuerzas y las energías que te dan las vitaminas y el azúcar.

◆ ◆ ◆

Un joven se acercó a la exuberante rubia que estaba sentada en una cafetería y le dijo con seguridad:

—Por favor, estoy escribiendo un libro telefónico. ¿Me puede dar su número de teléfono y su nombre para agregarlo?

◆ ◆ ◆

♦♦♦

Después de mucho tiempo, un hombre encuentra el nombre y el teléfono de una amiga íntima que no había visto en un año. Como no tenía ninguna cita para esa noche, decidió llamarla.

–¿Bueno?

–¿Eres tú, Susana?

–¿Sí?

–Soy Gustavo, ¿te gustaría salir esta noche?

La muchacha dijo a través del hilo telefónico:

–Después de tanto tiempo sin vernos me gustaría mucho, pero me caso esta misma tarde.

–Bueno —argumentó el joven y agregó—: entonces, ¿qué te parece si salimos mañana?

♦♦♦

Dos amigos se encuentran y uno le dice al otro:

–Por fin, ¿te casaste con aquella rubia mara-
villosa con la que salías todas las noches?

–Yo quería casarme pero su familia se oponía —contestó el aludido con desánimo.

–Ya entiendo, su mamá se oponía a que te
casaras con ella —aseguró el otro.

–No entiendes nada —negó el muchacho
con frustración en la voz y agregó—: quienes
se opusieron a nuestro matrimonio fueron el
marido y los dos hijos de ella.

◆ ◆ ◆

Un hombre siempre se lamentaba diciendo:

—Tengo muy mala suerte en el amor, cada
vez que conozco a una chica estupenda no

puedo llegar a nada con ella o porque es casada o porque lo soy yo.

❖❖❖

Un joven llega por primera vez a la casa de su amiga, que es muy ardiente, y le dice:

–Luisa, me gustaría algo frío.

Y ella, en vez de buscarle un refresco, se sentó un rato dentro del refrigerador.

❖❖❖

Un borracho se acerca a una extraordinaria trigueña que estaba sentada en el bar, y le dice con voz pastosa:

–Precisamente tú eras la mujer que yo estaba buscando. La mujer de mis sueños, porque los caballeros las prefieren rubias.

–Pero, yo no soy rubia —respondió la mujer algo asombrada.

–Ni yo tampoco soy un caballero, por eso eres mi tipo —dijo convencido el borracho.

◆◆◆

El hombre siempre espera que algún día aparezca la mujer de sus sueños, pero para que eso suceda tiene que casarse primero.

◆◆◆

Dos socios discutían las condiciones de una nueva secretaria, quien, aunque ingenua, no dejaba de exhibir un formidable cuerpo, que, rompiendo la frialdad de su apariencia inocente, hacía penetrar las miradas lascivas de los hombres.

Uno de los socios le dijo al otro:

–Esta nueva secretaria parece muy eficien-

te, pero se ve a las claras que no conoce las cosas de la vida. Me fue recomendada por un
amigo de muchos años y no quisiera que la
muchacha fuera echada a perder por los bui-
tres y las malas amistades.

–¿Qué propones, entonces? —interrogó el
otro socio.

–Hay que enseñarle lo bueno y lo malo de
esta vida —sentenció el interrogado.

–Perfectamente —acordó el segundo ha-
ciéndosele agua la boca, cuando agregaba—:
tú le enseñas a la nueva secretaria lo bueno, y
yo lo malo.

◆◆◆

Un empleado le pide aumento de sueldo al

dueño de la empresa, quien le pregunta algo irritado:

–¿Y por qué quiere aumento de sueldo?

–Bueno, jefe —contestó humildemente el empleado—, es que mi esposa y mis hijos se enteraron ayer que hay otras familias que comen tres veces al día.

◆ ◆ ◆

Un joven, que se había enamorado a primera vista de una hermosa chica, le dice en el banco del parque donde están sentados:

–Háblame de usted, señorita, de sus ambiciones, de sus sueños, de sus padres, de su nombre y de su número de teléfono.

◆ ◆ ◆

Un empleado se acerca al jefe y le dice enérgicamente:

–Sepa usted, señor, que le he pedido un aumento de sueldo en varias ocasiones y como usted me lo ha negado le advierto que hay tres compañías detrás de mí.

–¿Ah, sí? ¿Y cuáles son esas compañías interesadas en usted? —respondió con ironía el jefe.

El empleado, llenándose el pecho de valor, dijo:

–La de la luz, la del teléfono y la del gas.

◆ ◆ ◆

Una mujer se vanagloriaba de la inteligencia de su marido y le decía a las amigas:

–Tú puedes hablar con mi marido de cualquier tema. Él no te entenderá nada, pero puedes hablarle de cualquier cosa.

◆ ◆ ◆

Una esposa, muy alterada, entra en la habitación y le dice al marido:

–Corre, apúrate, tus hijos y mis hijos les están pegando a nuestros hijos.

•••

El recluso le pide a su abogado un consejo ante la inminente sentencia a la silla eléctrica. El licenciado, sin pensarlo dos veces, le contesta al angustiado cliente:

–No se siente, amigo, no se siente por nada del mundo.

•••

Un marido, irónico, le pregunta a su esposa:

–¿Para qué usas sostén si no tienes nada ahí qué sostener?

La mujer, no menos sarcástica, le contesta:

–Por la misma razón por la que tú usas calzoncillos.

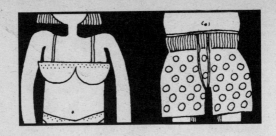

◆◆◆

Un marido le pregunta a su media naranja:

—Pero, ¿qué pasa? ¿No estabas disgustada conmigo y te ibas a casa de tu madre?

—Eso pensaba hacer —contestó la mujer, y agregó—: pero mi mamá me dijo que la forma de castigarte no era que yo me fuera a vivir a su casa, sino que ella viniera a vivir con nosotros.

◆◆◆

Un hombre le dice recriminativamente a su hijo de dieciséis años de edad:

—Anoche te acostaste con la doméstica. Ella me lo dijo y sabes perfectamente que yo me acuesto con ella.

–¿Y qué? —argumentó el joven, encogiéndose de hombros, y agregó—: tú te acuestas con mi madre y yo no te digo nada.

◆◆◆

Una muchacha llega a su casa a las once de la noche procedente de una fiesta y la mamá le pregunta:

–¿Te divertiste mucho en la fiesta, hija mía?

–Ay, no, mamá, estaba aburridísima la fiesta —contestó desanimada la joven.

–Entonces, ¿por que te demoraste tanto? —interrogó la madre extrañada.

–Es que no encontraba las pantimedias —respondió la hija.

◆◆◆

Si hacerle el amor a una mujer por lo menos durara tres horas, habría menos adulterio en este mundo.

◆◆◆

Dos amigas se encuentran después de mucho tiempo, y una de ellas se asombra de que la otra no se haya casado todavía y le pregunta:

–¿Por qué no te has casado todavía, mi amiga?

–Porque busco al hombre de mis sueños. Que sea inteligente, bien parecido y elegante —y después interrogó cándidamente—: ¿No es mucho pedir para un millonario?

◆◆◆

Se encuentran dos amigos en la calle y uno le dice al otro:

—Estoy desesperado, constantemente y a toda hora quiero tener relaciones sexuales. No soporto más este problema. ¿Tú conoces algún producto que me elimine esta urgencia sexual que tengo?

—Bueno —contestó el aludido y agregó desencantado—: yo me casé con ese producto hace veinticinco años.

◆◆◆

Un hombre estaba frente al psiquiatra. Se notaba desesperado, angustiado y nervioso.

—Doctor, doctor —suplicó el atribulado paciente—, necesito calmar mis nervios, quitarme esta angustia que me ahoga. ¿Qué me recomienda?

131

El psiquiatra pensó unos minutos la respuesta y dijo:

—Bueno, el divorcio siempre calma los nervios y elimina la angustia, pero el único problema es que tiene que casarse primero, amigo.

◆ ◆ ◆

Cuando únicamente la esposa le presta atención a lo que dice el marido es cuando este último habla dormido.

◆ ◆ ◆

El matrimonio es como una lotería. El problema es que resulta muy costoso romper el billete si has perdido el juego.

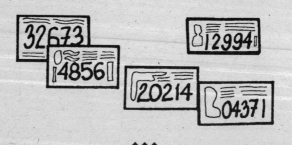

◆ ◆ ◆

Esta edición se imprimió en Agosto de 2004. Editores Impresores
Fernández S.A. de C. V., Retorno 7-D Sur 20 No. 23. México D. F.

SU OPINIÓN CUENTA

Nombre ....

Dirección:

Calle y núm. exterior .... interior ....

Colonia .... Delegación ....

C.P. .... Ciudad/Municipio ....

Estado .... País ....

Ocupación .... Edad ....

Lugar de compra ....

Temas de su interés:

- ☐ *Empresa*
- ☐ *Superación profesional*
- ☐ *Motivación*
- ☐ *Superación personal*
- ☐ *New Age*
- ☐ *Esoterismo*
- ☐ *Salud*
- ☐ *Belleza*

- ☐ *Psicología*
- ☐ *Psicología infantil*
- ☐ *Pareja*
- ☐ *Cocina*
- ☐ *Literatura infantil*
- ☐ *Literatura juvenil*
- ☐ *Cuento*
- ☐ *Novela*

- ☐ *Cuento de autor extranjero*
- ☐ *Novela de autor extranjero*
- ☐ *Juegos*
- ☐ *Acertijos*
- ☐ *Manualidades*
- ☐ *Humorismo*
- ☐ *Frases célebres*
- ☐ *Otros*

¿Cómo se enteró de la existencia del libro?

- ☐ *Punto de venta*
- ☐ *Recomendación*
- ☐ *Periódico*

- ☐ *Revista*
- ☐ *Radio*
- ☐ *Televisión*

Otros: ....

Sugerencias: ─────────────────────────────────

──

──